Die wunderbare Kraft des Segnens

Richard Brunton

Die wunderbare Kraft des Segnens
Veröffentlicht durch Richard Brunton Ministries
Neuseeland

Originaltitel: The Awesome Power of Blessing

© 2019 Richard Brunton

ISBN 978-0-473-46756-2 (Softcover)
ISBN 978-0-473-46757-9 (ePUB)
ISBN 978-0-473-46758-6 (Kindle)
ISBN 978-0-473-46759-3 (PDF)

Ein besonderer Dank an:
Joanne Wiklund und Andrew Killick,
die das Buch lesbarer gemacht haben,
als es sonst wäre!

Übersetzung aus dem Englischen:
Linda Marie Sadowski

Produktion und Schriftsetzen:
Andrew Killick
Castle Publishing Services
www.castlepublishing.co.nz

Umschlaggestaltung:
Paul Smith

Bibelzitate wurden der Lutherbibel 2017 entnommen.

ALLE RECHTE VORBEHALTEN

Jede Wiedergabe oder Vervielfältigung des Textes,
auch auszugsweise, bedarf der vorherigen schriftlichen
Genehmigung durch den Verlag oder Autor.

INHALT

Vorwort	5
Einleitung	9
Teil 1: Warum segnen?	**15**
Die Erkenntnis	17
Die Kraft unserer Worte	21
Die Veränderung von gutem Reden zum Segnen	25
Was ist ein christlicher Segen?	28
Unsere geistliche Vollmacht	32
Teil 2: Wie funktioniert es nun praktisch?	**39**
Einige wichtige Punkte	41
Ein reiner Mund als Lebensstil	41
Den Heiligen Geist nach Worten fragen	41
Der Segen im Unterschied zur Fürbitte	42
Urteilen Sie nicht	44
Ein Beispiel zur Verdeutlichung	45
Situationen, die uns begegnen können	47
Jene segnen, die uns beschimpfen oder verfluchen	47

Jene segnen, die uns verletzt oder zurückgewiesen haben	49
Jene segnen, die uns provoziert haben	52
Uns selbst segnen, anstatt uns zu verfluchen	56
Flüche erkennen und sie brechen	56
Den eigenen Mund segnen	59
Den Geist segnen	60
Unsere Körper segnen	62
Das Heim, die Ehe und die Kinder segnen	67
Ein väterlicher Segen	76
Andere durch prophetische Weisung segnen	81
Den Arbeitsplatz segnen	82
Eine Gemeinschaft segnen	85
Das Land segnen	87
Den Herrn segnen	89
Ein Abschlusswort eines Lesers	90
Anwendungen	92
Wie wird man Christ?	94

VORWORT

Ich ermutige Sie dieses kleine Buch mit seiner kraftvollen Botschaft zu lesen – Sie werden Veränderung in ihrem Leben spüren!

Alles begann, während Richard Brunton und ich eines Morgens gemeinsam frühstückten. Er erzählte mir, was Gott ihm über die Kraft des Segnens offenbart hatte. Schnell erkannte ich darin die Möglichkeit des positiven Einflusses auf das Leben anderer.

Ich verfilmte seine Botschaft, um sie in einem Männer Camp in unserer Kirche zu zeigen. Die anwesenden Männer waren so begeistert und wollten, dass die gesamte Gemeinde davon hört. Die Leute begannen in verschiedenen Bereichen ihres Lebens das Segnen in die Tat umzusetzen und wir bekamen immer mehr großartige Zeugnisse zu hören. Ein Geschäftsmann berichtete, dass sein Unternehmen innerhalb von zwei Wochen von „Nichts, zu Profitabel" wurde. Andere wiederum wurden physisch geheilt, als sie begannen ihre Körper zu segnen.

Es ergaben sich immer mehr Möglichkeiten, die Botschaft zu verbreiten. Zu einer Generalversammlung in Kenia und Uganda (dort, wo sich Pastoren treffen, um sich weiterzubilden und auf den neusten Stand gebracht werden) eine Rede zu halten, begleitete mich Richard und hielt einen Vortrag zum Thema Segnung. Diese Nachricht durchbrach lang verborgene Leere und Schmerz. Die meisten der Menschen im Publikum wurden niemals zuvor von ihren Vätern gesegnet. Als Richard diese Rolle übernahm, begannen viele zu weinen und erfuhren emotionale und geistliche Befreiung, verbunden mit einer sofortigen Veränderung ihres Lebens.

Zu wissen wie man segnet, hat mein Leben soweit verändert, dass ich stets nach Möglichkeiten suche, andere in „Wort und Tat" zu segnen – durch das, was ich sage und was ich tue. Sie werden dieses kleine Buch genießen können, und wenn Sie seine Botschaft in ihrem Leben umsetzen, wird ihr Handeln

Früchte tragen und im Überfluss dem Königreich Gottes dienen.

Geoff Wiklund
Geoff Wiklund Ministries,
Vorsitzender von Promise Keepers,
Auckland, Neuseeland

Gott hat Richard, mit einer Offenbarung, über die Kraft des Segnens beschenkt. Sie ist dazu da, andere ebenfalls damit zu beschenken. Ich glaube, dies ist eine Offenbarung Gottes für unsere heutige Zeit.

In der Art, wie Richard seine Botschaft lebt, bringt sie eine Wahrhaftigkeit mit, die es Menschen ermöglicht, es sofort nachzuvollziehen.

Daher baten wir Richard, an allen Events der Promise Keepers zu sprechen. Das Ergebnis und die Wirkung waren für viele unfassbar mächtig und lebensverändernd.

„Segen" war ein Thema, das die Herzen der Menschen bei den Events stets erreichte und sie berührte. Es kamen überdurchschnittlich viele, positive Rückmeldungen auf diese wichtige Lehre – die Segnung und die Kraft des „guten Redens" – zu uns zurück. Viele der Leute hatten vorher noch nie wirklich einen Segen erhalten oder jemanden gesegnet. Nachdem sie von Richards Botschaft hörten und dieses Buch gelesen hatten, erhielten sie mächtige Segnungen und wurden mit der Fähigkeit ausgestattet, andere im Namen des Vaters, des Sohnes und des Heiligen Geistes zu segnen.

Ich beschreibe Richard und dieses Buch über *Die wunderbare Kraft des Segnens* als einen kraftvollen Weg, Gottes Güte in unseren Familien, Gemeinden und unserem Land zu offenbaren.

Paul Subritzky
Nationaler Direktor von Promise Keepers
Auckland, Neuseeland

EINLEITUNG

Jeder liebt es, aufregende Neuigkeiten zu hören – doch es ist noch viel schöner, wenn man sie selbst erzählen kann!

Als ich den Wert des Segnens erkannte, war es, als wäre ich der Mann in der Bibel, der einen Schatz auf dem Feld entdeckte. Begeistert teilte ich meine Gedanken und Erfahrungen mit Pastor Geoff Wiklund und er bat mich, diese Botschaft mit den Männern seiner Kirche in einem Camp im Februar 2015 zu teilen. Sie waren so beeindruckt, dass sie sich wünschten, die ganze Gemeinde bekäme diese Nachricht zu hören.

Als ich in der Gemeinde sprach, waren an diesem Tag Pastor Brian France von „Charisma Christian Ministries" und Paul Subritzky von „Promise Keepers", Neuseeland, ebenfalls anwesend. So kam es, dass ich die Botschaft sowohl an der „Charisma"-Gemeinde in Neuseeland und Fidschi als auch mit den Männern der „Promise Keepers" teilen durfte. Viele begannen es sofort in die Tat umzusetzen. Mit exzellenten Ergebnissen. Einige erzählten, dass sie nie zuvor jemanden über diesen Aspekt des Reiches Gottes hatten lehren hören. Der Dienst des Segnens schien lawinenartig zu wachsen. (Sagt Gott nicht, „Das Geschenk eines Menschen, wird Platz für ihn schaffen"?) Zum Ende des Jahrs 2015 begleitete ich Pastor Geoff nach Kenia und Uganda. Er hielt einen Gottesdienst für hunderte von Pastoren, die die Generalversammlung besuchten. Dies ist eine jährliche Veranstaltung, in der die Delegierten nach Inspiration und Unterstützung suchen. Geoff hatte das Gefühl, meine Lehre über das Segnen könnte eine Hilfe für sie sein – und genau als das, stellte es sich heraus. Nicht nur die Pastoren, sondern auch die Redner aus Amerika, Australien und Südafrika empfanden es als eine kraftvolle Botschaft und bestärkten mich darin, etwas zu tun, um eine größere Zuhörerschaft zu erreichen.

Ich wollte weder eine Webseite aufbauen und pflegen noch wollte ich ein tiefgründiges Werk schreiben, wovon es doch schon wunderbare andere gibt. Die

Botschaft des Segnens ist sehr einfach und leicht umzusetzen. Ich wollte nicht, dass dessen Leichtigkeit in Komplexität verschlungen wird, daher schrieb ich dieses Buch.

Ich habe Zitate und Ausschnitte verwendet aus *The Power of Blessing* von Kerry Kirkwood, *The Grace Outpouring: Becoming a People of Blessing* von Frank Hammond, sowie *The Miracle and Power of Blessing* von Maurice Berquist. Ich bin sicher, dass ich noch von viel mehr Menschen und Büchern gelernt und daraus Erkenntnisse gezogen habe, jedoch floss es mit den Jahren alles ineinander.

Die Kraft des Segnens für sich zu entdecken, eröffnet jedem, der bereit ist danach zu handeln, eine völlig neue Art zu leben. Immer, wenn ich heute in Cafés, Restaurants, Hotels, Wartezimmern oder einfach auf der Straße unterwegs bin, beginne ich Menschen zu segnen, egal ob es Gläubige sind oder nicht. Ich habe bereits Waisen und ihre Betreuer gesegnet. Ich habe Flugbegleiter in einem Flugzeug, Obstplantagen, Tiere, Geldbeutel, Unternehmen oder medizinische

Umstände gesegnet. Erwachsene Menschen lagen schon weinend in meinem Arm, nachdem ich Ihnen einen väterlichen Segen zugesprochen habe.

Zudem habe ich die Erfahrung gemacht, dass es Ungläubige weniger abschreckt, wenn man sie fragt, ob man sie, ihr Unternehmen oder ihre Ehe etc. segnen darf, anstatt zu fragen, ob man für Sie beten dürfe. Tatsächlich hat diese simple Herangehensweise, ausgedrückt in liebevoller Art, dazu geführt, dass einer meiner Familienmitglieder nach Jahren der Auseinandersetzung die Liebe und rettende Kraft Jesu Christi kennen lernte.

Oft bekomme ich die Auswirkung der Segnung nicht mehr mit, jedoch habe ich genug gesehen und gehört, um zu wissen, dass der Segen Leben verändert. Genau so hat er meines verändert.

Es liegt in Gottes Natur zu segnen und als seine Kinder und Ebenbilder liegt es auch in unserer geistlichen DNS. Der Heilige Geist wartet nur darauf, dass das Gottesvolk im Glauben und in der Vollmacht, die uns durch Christus geschenkt wurde, vortritt und die Leben der Menschen verändert.

Ich bin mir sicher, dass Sie dieses Büchlein als hilfreich empfinden werden. Jesus hat uns nicht machtlos zurück gelassen. Segen auszusprechen in allen denkbaren Situationen, ist eine vernachlässigte geistliche Gabe, die das Potenzial besitzt ihre Welt zu verändern.

Viel Freude.
Richard Brunton

TEIL 1

Warum segnen?

DIE ERKENNTNIS

Meine Frau Nicole ist Neukaledonierin und das bedeutete selbstverständlich für mich, die französische Sprache zu lernen und einige Zeit an ihrem Geburtsort in Noumea zu verbringen. Obwohl Neukaledonien ein hauptsächlich katholisch geprägtes Land ist, dauerte es nicht allzu lange, bis ich bemerkte, dass viele Leute immer noch Kontakt mit der „dunklen Seite" hatten, während sie ihre Religion praktizierten. Es war nicht selten, dass die Menschen dort zu Hellsehern, Wahrsagern und zu *guérisseur* (Heilkundige) gingen, ohne zu verstehen, dass sie bei der Hexenkunst um Rat fragten.

Ich erinnere mich an eine Begebenheit, als meine Frau mich zu einer jungen Dame in den Zwanzigern mitnahm, die zu einem solchen Heiler gebracht wurde. Doch schon bald wurde sie in ein Heim für geistig gestörte oder depressive Menschen gebracht. Als ich verstand, dass sie Christin war, befahl ich den

Dämonen in Jesu Namen ihren Körper zu verlassen. Ebenso betete ein katholischer Priester für sie und dieses Mädchen wurde frei- gesetzt und wenig später aus der Klinik entlassen.

Wieder andere bezeugten ihren katholischen Glauben und stellten trotzdem Statuen oder Artefakte von anderen Göttern in ihrer Wohnung auf. Ich traf dort einen Mann, der durchgehend Magenprobleme hatte. Eines Tages sagte ich zu ihm, dass ich denke, er solle den großen, dicken Buddha vor seinem Haus entfernen, um auch seine Magenprobleme los zu werden. Außerdem mussten seine gesammelten Artefakte weg. Doch er wehrte sich – wie sollten ihn diese unlebendigen Dinge krank machen können? Nach einigen Monaten sah ich ihn wieder und fragte ihn nach seinem Magen. Ein wenig kleinlaut antwortete er darauf: „Ich habe mir deinen Rat zu Herzen genommen und habe den Buddha entfernt. Meinem Magen geht es seitdem gut."

Zu einem anderen Anlass wurde ich darum gebeten, zu einer krebskranken Frau nach Hause zu gehen. Bevor ich zu beten begann, schlug ich vor, die Buddha-Statuen aus dem Wohnzimmer zu beseitigen, was ihr Ehemann auch unverzüglich Tat. Als ich sie von den Flüchen befreite und den Dämonen in Christi Namen befahl ihren Körper zu verlassen, beschrieb sie eine Eiseskälte, die von ihren Füßen hoch bis zu ihrem Kopf zog und dort ihren Körper schließlich verließ.

Vor diesem Hintergrund entschied ich mich eine Lehrstunde zum Thema „Flüche" in einem Gebetskreis zu halten, den meine Frau und ich in unserer Wohnung in Noumea gegründet hatten. Die Lehre basierte auf Derek Princes *„body of work"* (Derek Prince war ein berühmter Bibellehrer aus dem 20. Jahrhundert). Während ich meine Nachricht auf Französisch vorbereitete, lernte ich, dass das französische Wort für Segen *bénédiction* und das für Fluch *malédiction* bedeutete. Die ursprünglichen Bedeutungen dieser Wörter sind „Gutes Reden" und „Schlechtes Reden".

Früher, als ich fluchen und segnen verglich, schien das Fluchen stets dunkel, schwer und gefährlich, während das Segnen sehr leicht, mild und gutartig war. Ich hatte bereits von Lehren zum Thema „Flüche" gehört, jedoch noch nie welche zum Segnen, das nun höchstwahrscheinlich zu meiner Sichtweise beitrug. Ebenso hatte ich vorher noch nie wirklich jemanden gehört, der einen anderen mit wirklicher Entschlossenheit und mit Einfluss segnete. In Wirklichkeit berief sich das Ausmaß des christlichen Segens viel mehr bloß auf die Floskel „Bless You!" (englisch für „Gesundheit!"), wenn jemand niest oder auf einen kleinen Segenswunsch am Ende eines Briefes oder einer E-Mail. Es schien, als wäre es viel mehr eine Gewohnheit ‚als etwas mit tieferem Sinn.

Als ich später nochmal über die Wörter *malédiction* und *bénédiction* nachdachte, kam es mir in den Sinn: Wenn „Schlechtes Reden" so mächtig sein kann, dass „Gutes Reden" mindestens genau so viel Kraftpotenzial haben muss und mit Gottes Hilfe höchstwahrscheinlich noch deutlich mehr.

Diese Offenbarung, gemeinsam mit anderen Einblicken, auf die wir später noch zu sprechen kommen, ließen mich aufbrechen, um die wahre Kraft des Segnens zu entdecken.

DIE KRAFT UNSERER WORTE

Ohne das zu wiederholen, was viele gute Bücher vorher schon über die Kraft unserer Worte sagen, möchte ich eine kleine Zusammenfassung dessen geben, was ich für mich als wichtig empfinde.

Wir wissen:

> *Tod und Leben stehen in der Zunge Gewalt; wer sie liebt, wird von ihrer Frucht essen.*
> *(Sprüche 18,21) [Luth.2017]*

Worte beinhalten eine unfassbare Macht, können sowohl positiv und konstruktiv als auch negativ und zerstörerisch wirken. Jedes Mal, wenn wir etwas aussprechen (oder einen bestimmten Tonfall verwenden, der den Worten Bedeutung verleiht), sprechen wir denen, die uns zuhören, Leben oder Tod zu. Genauso aber auch uns selber. Weitergehend wissen wir:

> *Ihr Otterngezücht, wie könnt ihr Gutes reden, die ihr böse seid? Wes das Herz voll ist, des geht der Mund über. Ein guter Mensch bringt Gutes hervor aus seinem guten Schatz; und ein böser Mensch bringt Böses hervor aus seinem bösen Schatz. (Matthäus 12,34-35) [Luth.2017]*

Demnach spricht aus einem kritischen Herzen auch eine kritische Zunge; aus einem selbstgerechten Herzen, eine urteilende Zunge; aus einem undankbaren Herzen, eine klagende Zunge und so weiter. Genauso bringen lüsterne Herzen die zugehörigen Folgen hervor. Die Welt ist voll mit negativem Reden. Die Medien verwenden es tagtäglich. Unsere menschliche Natur tendiert dazu, nichts Gutes über Menschen oder Situationen zu sagen. Es scheint, als fiele es uns schwer. Oft warten wir sogar so lange, bis die Leute gestorben sind, um dann erst all die lieben Worte über sie verlieren zu können. Jedoch ist ein liebendes Herz eine Quelle, die einen wertvollen Schatz birgt und die Zunge wird barmherzige Worte hervorbringen. Friedvolle Herzen werden versöhnende Worte sprechen und so weiter.

Die Kraft unserer Worte | 23

Die Aussage „wer sich gerne reden hört, muss mit den Folgen leben" sagt aus, dass wir ernten werden, was wir sähen, sei es gut oder schlecht. Anders ausgedrückt, man wird das bekommen, was man ausspricht. Was denken Sie darüber?

Dies ist eine Wahrheit, die für uns alle gilt, ganz egal, ob der Mensch im christlichen Glauben lebt oder nicht. Christen und Nicht-Christen können ganz gleichwertig Worte des Lebens aussprechen. So können Sie beispielsweise sagen: „Sohn, das ist eine großartige Hütte, die du dort gebaut hast. Du könntest ein ausgezeichneter Handwerker oder Architekt werden. Das hast du sehr gut gemacht."

Trotzdem hat ein wiedergeborener Christ auch ein neues Herz. Die Bibel beschreibt jene als „völlig neue Kreaturen" (2. Korinther 5,17). Daher sollten wir als Christen uns auf das *gute* Reden fokussieren und das *schlechte* immer weniger werden lassen. Wir können nur allzu schnell in die Negativität verfallen, wenn wir nicht darauf achten, unsere Herzen und Worte davor zu bewahren. Sobald Sie einmal bewusst darüber nachdenken, werden sie überrascht sein, wie oft Christen, gewollt oder ungewollt, sich oder andere verfluchen. Dazu später mehr.

DIE VERÄNDERUNG VON GUTEM REDEN ZUM SEGNEN: UNSERE BERUFUNG

Als Christen können wir mehr tun, als nur gut zu reden. Wir können Segnungen über Situationen aussprechen und sie Menschen übermitteln und tatsächlich sind wir genau dazu berufen. Vielleicht ist es die große Berufung. Lesen Sie das Folgende:

> *Endlich aber seid allesamt gleich gesinnt, mitleidig, brüderlich, barmherzig, demütig. Vergeltet nicht Böses mit Bösem oder Scheltwort mit Scheltwort, sondern segnet vielmehr, weil ihr dazu berufen seid, auf dass ihr Segen erbt. (1. Petrus 3,8-9) [Luth.2017]*

Wir sind dazu berufen, Segen zu empfangen und selber zu segnen.

Das Erste, was Gott zu Adam und Eva sprach war ein Segen:

Und Gott segnete sie und sprach zu ihnen: Seid fruchtbar und mehret euch und füllet die Erde und machet sie euch untertan und herrschet über die Fische im Meer und über die Vögel unter dem Himmel und über alles Getier, das auf Erden kriecht. (Genesis 1,28) [Luth.2017]

Gott segnete sie und dadurch wurden sie fruchtbar. Der Segen ist ein Merkmal Gottes, ein Attribut – es ist einfach das, was er tut! Und ebenso wie Gott – und durch ihn – haben wir die Vollmacht und die Kraft andere zu segnen.

Jesus segnet. Das Letzte was er tat, bevor er in den Himmel aufstieg, war seine Jünger zu segnen.

Er führte sie aber hinaus bis nach Betanien und hob die Hände auf und segnete sie. Und es geschah, als er sie segnete, schied er von ihnen und fuhr auf gen Himmel. (Lukas 24,50-51) [Luth.2017]

Die Veränderung von gutem Reden zum Segnen | 27

Jesus ist unser Vorbild. Er trägt uns auf, in seinem Namen dasselbe zu tun, was er getan hat. Wir wurden von Gott geschaffen, um zu segnen.

WAS IST EIN CHRISTLICHER SEGEN?

Im Alten Testament ist das Wort „Segen" mit dem hebräischen Wort *barak* gleich zu setzen. Dies bedeutet „die Absichten Gottes aussprechen".

Im Neuen Testament ist es das griechische Wort *eulogia*, das „Segen" bedeutet. Aus dem Griechischen leitet sich der englische Begriff „eulogy" ab, der mit Lobrede oder Lobpreisung übersetzt werden kann. Praktisch bedeutet das also, „gut von jemandem sprechen" oder „die Absicht und die Gnade Gottes, über einer Person aussprechen".

Dies ist die Definition, die ich für dieses Buch verwenden werde. Zu segnen bedeutet den Willen Gottes über einen Menschen oder eine Situation auszusprechen.

In seiner Weisheit hat Gott sich größtenteils dafür

entschieden, seine Arbeit auf der Erde nur durch sein Volk zu erreichen. Dadurch bringt er sein Königreich auf die Erde. Folglich möchte er, dass wir nach seinen Vorstellungen handeln. Als Christ kann ich daher Gottes Willen für jemanden oder für eine Situation im Namen von Jesus Christus aussprechen. Wenn ich das nun im Glauben und mit Liebe tue, bekommen meine Worte die Kraft des Himmels und ich darf erwarten, dass Gott seine Wege nutzt ,um die Dinge von ihrem jetzigen Standpunkt dahin zu bewegen, wo er sie gerne hätte. Segne ich also jemanden entschlossen im Glauben und mit Liebe, eröffne ich als sein Diener die Möglichkeit, seine Pläne für diese Person in Gang zu setzen.

Auf der anderen Seite besteht jedoch auch die Möglichkeit, dass jemand absichtlich, jedoch oft auch versehentlich, die Absichten Satans über eine Person oder sich selbst ausspricht. Dies hat dann das Gegensätzliche zur Folge und gibt dämonischen Mächten die Möglichkeit ihre Pläne freizusetzen, d.h. Menschen zum Stehlen, Töten oder Zerstören zu bewegen. Doch wir loben Gott:

> *Kinder, ihr seid von Gott und habt jene überwunden; denn der in euch ist, ist größer als der, der in der Welt ist. (1. Johannes 4,4) [Luth.2017]*

Es liegt in Gottes Natur zu segnen. Sein Verlangen danach ist außergewöhnlich. Nichts kann ihn je davon abhalten. Er ist fest entschlossen, die Menschen zu segnen. Seine Sehnsucht ist, dass sein Sohn Jesus in uns viele Brüder und Schwestern haben wird. Und aus genau dieser Sehnsucht heraus wünscht er sich noch viel mehr, dass seine Leute sich gegenseitig segnen.

Wenn wir in Jesu Namen segnen, ist der Heilige Geist mit im Boot. Wir spiegeln etwas, was der Vater tut – wir sprechen Wörter, von denen der Vater wünscht, dass sie gesprochen werden. Ich bin über diese Wahrheit immer wieder erstaunt. Wenn ich jemanden segne, ist der Heilige Geist dabei – er berührt die Person, Liebe wird freigesetzt und Dinge verändern sich. Ganz oft drücken mich Leute nach dem Segnen, oder sie weinen und sagen: „Du ahnst nicht, wie rechtzeitig und kraftvoll das war", oder „Du weißt nicht, wie sehr ich das gebraucht habe."

Es gibt einen wichtigen Punkt, den man anmerken sollte: Wir segnen aus einer Vertrautheit zu Gott heraus, aus seiner Gegenwart. Unsere geistliche Nähe zu Gott ist da sehr wichtig. Unsere Worte werden dort zu seinen Worten und sie wurden mit seiner Kraft gesalbt, um die Pläne für die Person oder Situation zu erreichen. Aber lassen Sie uns das vorerst zurückhalten…

UNSERE GEISTLICHE VOLLMACHT

Im Alten Testament war es die Aufgabe der Priester, das Volk zu segnen und Fürbitten für Sie zu sprechen.

Sage Aaron und seinen Söhnen und sprich: So sollt ihr sagen zu den Israeliten, wenn ihr sie segnet:

Der HERR segne dich und behüte dich;
der HERR lasse sein Angesicht leuchten über dir und sei dir gnädig;
der HERR hebe sein Angesicht über dich und gebe dir Frieden.

So sollen sie meinen Namen auf die Israeliten legen, dass ich sie segne. (4. Mose 6,23-27) [Luth.2017]

Im Neuen Testament sind wir Christen dazu aufgerufen:

Ihr aber seid ein auserwähltes Geschlecht, ein königliches Priestertum, ein heiliges Volk, ein Volk zum Eigentum, dass ihr verkündigen sollt die Wohltaten dessen, der euch berufen hat aus der Finsternis in sein wunderbares Licht; (1. Petrus 2,9) [Luth.2017]

Und Jesus hat uns:

…zu einem Königreich gemacht, zu Priestern vor Gott und seinem Vater… (Offbg. 1,6) [Luth.2017]

Vor einiger Zeit saß ich auf dem Ouen Toro, einem Aussichtspunkt in Noumea. Ich suchte nach einem Thema, das ich einer Gebetsgruppe erzählen wollte. Ich fühlte, wie Gott zu mir sagte: „Du weißt nicht, wer du bist." Einige Monate später spürte ich es wieder, dieses Mal sagte er: „Wenn du nur wüsstest, welch eine Vollmacht du durch Christus hast, dann würdest du die Welt verändern." Beide Nachrichten waren für bestimmte Gruppen von Menschen gedacht, doch später wurde mir klar, dass sie genauso für mich bestimmt waren.

Ich denke, es ist in christlichen Kreisen allgemein bekannt, dass es effektiver ist, Heilung zu befehlen oder in die direkte Ansprache zu gehen, statt Gott zu fragen, ob *er* es tun möge. (ein „Berg" – Markus 11,23) (Matthäus 10,8; Markus 16,17-18). So war es meine Erfahrung und auch die vieler bekannter und angesehener Leute, die aktiv und erfolgreich im Heilungs- und Befreiungsdienst tätig sind. Ich denke Jesus sagt aus: *Du* heilst die Kranken (in meinem Namen). Es ist nicht *meine* Aufgabe, sondern *deine*. *Du* tust es.

Gott möchte heilen und er möchte es durch uns tun. Gott möchte uns etwas übergeben und er möchte es durch uns tun. Gott möchte segnen und er möchte es durch uns tun. Wir können also Gott *fragen*, ob er segnet oder *wir* können es in Jesu Namen selber tun!

Vor einigen Jahren ging ich immer früher zur Arbeit, um vorher noch mein Unternehmen zu segnen. Ich begann mit „Gott, segne Colmar Brunton". Es fühlte sich platt an, ohne Tiefe. Also änderte ich es. Zuerst ein wenig schüchtern, von „Gott, segne Colmar Brunton" zu:

Colmar Brunton, ich segne dich im Namen des Vaters, des Sohnes und des Heiligen Geistes. Ich segne dich in Auckland. Ich segne dich in Wellington und ich segne dich in allen weiteren Gebieten. Ich segne dich bei der Arbeit und ich segne dich auch zu Hause. Ich lege das Königreich Gottes an diesen Platz. Komm, Heiliger Geist, du bist hier willkommen. Ich lege Liebe und Freude, Frieden und Geduld, Freundlichkeit und Treue, sowie Selbstbeherrschung und Einheit hier hinein. In Jesu Namen lege ich die Vorstellung vom Königreich Gottes hier hinein, damit sie unseren Kunden hilft, etwas zu erreichen und die Welt zu einem besseren Ort zu machen. Ich lege Gnade auf die zukünftigen Kunden. Ich lege Gnade auf die zukünftigen Angestellten. Ich segne auch unsere Vision: „Ein besseres Unternehmen, eine bessere Welt." In Jesu Namen, Amen.

Von Gott geführt, malte ich ein Kreuz auf unseren Eingang und schenkte dem Unternehmen dadurch geistlichen Schutz, der durch Jesu Blut gegeben wurde.

Von dem Moment an, als ich meine Worte von „Gott, segne Colmar Brunton" zu „Ich segne Colmar Brunton im Namen des Vaters, des Sohnes und des Heiligen Geistes" änderte, spürte ich Gottes Freude und seine Zustimmung zu dem, was ich tat. Es war, als würde er sagen: „Jetzt hast du es, mein Sohn. Genau das ist es, was ich möchte, dass du es tust." Obwohl ich es mittlerweile schon hunderte Male gemacht habe, fühle ich Gottes Freude jedes Mal aufs Neue. Und die Ergebnisse? Die Atmosphäre im Büro hat sich geändert. Es veränderte sich so schnell und so weitgehend, dass die Leute begannen, offen darüber zu reden und sich wunderten, dass sich die Dinge so verändert hatten. Es war unbeschreiblich! Segnungen können wirklich unsere Welt verändern.

Doch an anderer Stelle hörte ich noch nicht auf. Morgens, als das Büro noch leer war, ging ich zu dem Platz eines Mitarbeiters, der gerade Weisheit für eine besondere Situation benötigte und ich segnete ihn. Ich legte meine Hände auf den Stuhl und glaubte daran, dass die Segnung in das Material des Stuhls übergehen würde und dann später in die Person, die darauf sitzen wird (Apostelgeschichte 19,12). Wann auch immer ich merkte, dass Leute etwas Besonderes brauchten, segnete ich sie auf diese Art.

Ich erinnere mich ganz besonders an eine Person, die immer aus Gewohnheit fluchte und dabei Gottes Namen als Schimpfwort verwendete. Eines Morgens legte ich meine Hände auf seinen Stuhl und gab diesen Geist der Gotteslästerung mit einem Segen in Jesu Hände. Es brauchte mehrere Versuche, doch bald schon musste der böse Geist hinter diesen Flüchen die Knie vor einer größeren Macht beugen. Die Gotteslästerung und die Flüche verschwanden aus dem Vokabular des Mannes.

Ebenso erinnere ich mich an einen Mann, der mich um ein Gebet bat, damit Gott ihn von seinem Arbeitsplatz wegbrachte, denn dort fluchten alle und missbrauchten Gottes Namen. Ich drehte die Sichtweise um: Dieser Mann war gekommen, um seinen Arbeitsplatz zu segnen und die Atmosphäre dort zu ändern. Wir können unsere Welt verändern!

Ich habe immer mehr erkannt, wenn Gott sich wünscht, uns Menschen zu segnen, dann wünscht er sich umso mehr, dass wir – sein Volk, seine Kinder – andere Menschen segnen. Sie haben eine geistliche Vollmacht. Sie segnen!

Unser himmlischer Vater möchte, dass wir uns beteiligen und ihm bei seiner erlösenden Arbeit helfen. Wir können Menschen mit Heilung und Errettung segnen, aber wir können sie auch mit unseren bloßen Worten segnen. Was für ein Privileg und eine Verantwortung!

Für mich bedeutet das Segnen also, Gottes Absichten über das Leben der Menschen oder über verschiedene Situationen auszusprechen. All das mit Liebe, offenen Augen, gewollt, mit Vollmacht und Kraft, ganz aus unserem Geiste, der mit dem Heiligen Geist erfüllt ist. Einfach gesagt, zu segnen bedeutet, Gottes Absichten für Personen oder Situationen im Glauben darzustellen. Wenn wir das tun, eröffnen wir Gott die Möglichkeit, die Dinge von ihrer aktuellen Situation dorthin zu bewegen, wo er sie gerne hätte.

Und erinnern Sie sich stets daran – wir sind gesegnet, weil wir segnen.

TEIL 2:
Wie funktioniert es nun praktisch?

EINIGE WICHTIGE PUNKTE

Ein reiner Mund als Lebensstil

Aus einem Munde kommt Loben und Fluchen. Das soll nicht so sein, meine Brüder und Schwestern. (Jakobus 3,0) [Luth.2017]

Und wenn du recht redest und nicht leichtfertig, so sollst du mein Mund sein. (Jeremia 15,19b) [Luth.2017]

Wenn Sie die Pläne Gottes für eine Person in Form einer Segnung aussprechen wollen, dann müssen Sie es vermeiden, wertlose oder schlimmere als wertlose Worte auszusprechen.

Den Heiligen Geist nach Worten fragen
Erwecken Sie ihren Geist (durch Anbetung oder

durch das Sprechen in Zungen). Bitten Sie nun den Heiligen Geist darum, dass er Sie die Liebe des Vaters für die Person spüren lässt, die Sie segnen wollen. Beten Sie beispielsweise folgendermaßen:

Vater, was wünschst du dir, das gesagt werden soll? Bitte gib mir die richtigen, segnenden Worte für diese Person. Wie kann ich sie oder ihn ermutigen und stärken?

Der Segen im Unterschied zur Fürbitte
Die meisten Menschen empfinden es als schwierig zu lernen, wie man segnet. Sie beginnen stets, daraus eine Fürbitte zu machen und den Herrn zu bitten, die Person zu segnen. Obwohl auch das etwas Gutes ist, ist es wichtig den Unterschied zu kennen. Diese Art zu segnen gleicht eher einem Gebet. Eine Segnung ersetzt ein Gebet oder eine Fürbitte nicht, und doch ist sie eine wichtige Begleitung dieser beiden. Sie sollten stets gemeinsam in Erscheinung treten.

Die Autoren Roy Godwin und Dave Roberts formulierten diese Situation sehr gut in ihrem Buch *The Grace Outpouring*:

Wenn wir jemanden segnen, dann schauen wir ihm oder ihr in die Augen (falls dies möglich ist) und sprechen ihn oder sie direkt an. Möglicherweise sagen wir dann etwas wie „Ich segne dich im Namen des Herrn, dass die Gnade unseres Herrn Jesus Christus auf dir ruhe. Ich segne dich in Seinem Namen, dass seine Liebe dich umgibt und dich ganz ausfüllt. Damit du ganz tief in dir spürst, wie sehr er dich liebt und sich über dich freut."

Besonders auf das Personalpronomen „Ich" sollte hier geachtet werden. „Ich" bin es, der die Person in Jesu Namen segnet. Ich habe nicht zu Gott gebetet und ihn gefragt, ob er den Segen aussprechen kann. Sondern ich habe die Vollmacht genutzt, die uns Jesus gegeben hat, um den Segen selber auszusprechen.

Urteilen Sie nicht

Urteilen Sie nicht darüber, ob jemand eine Segnung verdient hat oder nicht. Eine ehrliche Segnung beschreibt die Art, wie Gott diesen Menschen sieht. Gottes Fokus liegt dabei nicht darauf, wie die Person zu einem bestimmten Zeitpunkt auftritt oder sich verhält, sondern vielmehr darauf, wie sie sein soll und welches Potenzial sie hat.

So nannte Gott Gideon beispielsweise einen „starken Kämpfer" (Richter 6,12), auch wenn er zu der Zeit alles war, nur nicht das! Jesus nannte Petrus einen „Felsen" (Matthäus 16,18), bevor er die Kraft hatte, andere Menschen als Fundament der Kirche auf seinen Schultern zu tragen. Weitergehend können wir in der Bibel über Gott Folgendes lesen: „ …der die Toten lebendig macht und ruft das, was nicht ist, dass es sei." (Römer 4,17). Wenn wir das verstanden haben, hören wir auf zu beurteilen, ob jemand eine Segnung verdient oder nicht. Je weniger ein Mensch eine Segnung verdient, desto mehr braucht er sie. Und die Menschen, die jene segnen, die es nicht verdient hätten, bekommen den größten Segen zurück.

Ein Beispiel zur Verdeutlichung

Stellen Sie sich einen Mann vor, der Fred heißt und ein Alkoholproblem hat. Freds Frau ist darüber offensichtlich nicht glücklich und könnte etwa wie folgt zu Gott beten: „Gott, bitte segne Fred. Mach, dass er mit dem Trinken aufhört und mehr auf mich hört." Dabei wäre es viel effektiver und kraftvoller, wenn sie etwas sagen würde wie:

> *Fred, ich segne dich in Jesu Namen. Mögen Gottes Pläne für dein Leben wahr werden. Mögest du der Mann, der Ehemann und Vater nach Gottes Vorstellungen werden. Ich segne dich mit Befreiung von dieser Sucht. Ich segne dich mit dem Frieden Jesu Christi.*

Die erste Segnung überträgt die Arbeit auf Gott. Sie benötigt keinen Aufwand. Man könnte sagen, sie ist faul. Außerdem ist sie wertend und fokussiert sich vor allem auf Freds Sünden.

Die zweite Segnung jedoch benötigt mehr Gedanken und mehr Liebe. Sie ist nicht verurteilend und fokussiert sich viel mehr auf das Potenzial, das in Fred steckt, anstatt auf seine aktuelle Situation. Vor einiger Zeit habe ich jemanden sagen hören, dass Satan unseren Namen und unser Potenzial kennt, doch uns bloß bei unseren Sünden nennt. Während Gott all unsere Sünden kennt und uns trotzdem bei unserem Namen und unserem Potenzial ruft. Die zweite Segnung bezieht sich also mehr auf den Plan und die Absichten, die Gott für uns hat. Es spiegelt den erlösenden Charakter Gottes wieder. Erinnere dich, das Wichtigste ist, Gott liebt Fred.

SITUATIONEN, DIE UNS BEGEGNEN KÖNNEN

Ich bin immer noch ein Lehrling in der Lehre des Segnens. Als ich mich anfänglich damit befasste, wusste ich überhaupt nicht, wie man segnete und ebenso wenig wusste ich, wie ich mir helfen könnte es zu lernen. Schnell wurde mir klar, dass es unglaublich viele verschiedene Situationen gibt, in denen man eine Segnung aussprechen kann. Aus diesem Grund möchte ich Ihnen einige Vorschläge machen. Sie können diese dann an Ihrer eigenen, persönlichen Situationen anpassen. Natürlich auch an das, was der Heilige Geist Ihnen aufs Herz legt. Es wird ein wenig Übung brauchen, doch diese Zeit ist es wirklich wert.

Jene segnen, die uns beschimpfen oder verfluchen
Vor vielen Jahren kam einmal eine Angestellte, die kürzlich ihren Job gekündigt hatte, zu mir nach Hause, um sich bei einer Tasse Kaffee zu verabschieden. Ihre

Überzeugungen und Vorstellungen waren von der New Age Bewegung geprägt – dem Göttlichen in ihr und dergleichen. Während der Unterhaltung erzählte sie, dass beide Firmen, für die sie zuletzt gearbeitet und die sie dann auch wieder verlassen hatte, zu Bruch gegangen waren. Zu diesem Zeitpunkt war ich noch nicht sehr lange Christ, trotzdem spürte ich, dass ihre Worte wie Funken eines Fluches waren, der drohte in Flammen aufzugehen. Für einen Moment war ich verängstigt, doch dann weigerte ich mich innerlich, die Furcht zuzulassen. Doch ich ging nicht den weiteren Schritt, sie zu segnen. Nachdem ich sie um Erlaubnis für ein Gebet gefragt hätte, wäre mein Gebet entsprechend meinem Herzen in diesem Moment in etwa so gewesen:

Deborah (nicht der tatsächliche Name), ich binde den Einfluss des Bösen, der Hexerei, in deinem Leben. Ich segne dich in Jesu Namen. Ich spreche die Güte Gottes über deinem Leben aus. Mögen Gottes Pläne für dein Leben Wirklichkeit werden … ich segne deine Gaben. Mögen sie deinem zukünftigen Arbeitgeber dienen und Gott zur Ehre werden lassen. Mögest du die wun-

dervolle Frau nach Gottes Herzen werden, die du sein sollst. In Jesu Namen. Amen.

Jene segnen, die uns verletzt oder zurückgewiesen haben

Einmal betete ich für eine Frau, die von ihrem Ehemann verlassen wurde und daher emotional mit sich und auch finanziell kämpfte. Ich fragte sie, ob sie ihm vergeben könne. Es war keine leichte Aufgabe, doch sie tat es. Dann fragte ich sie, ob sie ihn auch noch segnen könne. Sie war zuerst ein wenig geschockt, doch dann bereit auch das zu tun. Auch wenn ihr Mann nicht anwesend war, half ich ihr bei der Segnung wie folgt:

Ich segne dich, meinen Ehemann. Mögen alle Pläne Gottes für dein Leben und unsere Ehe Früchte tragen. Mögest du der Mann, der Ehemann und Vater werden, den sich Gott vorgestellt hat. Möge Gottes Gnade und Gunst mit dir sein. In Jesu Namen. Amen.

Zuerst war es ein wenig merkwürdig, doch dann

spürte sie die Liebe Gottes und der Heilige Geist berührte sie und ich vermute, auch ihren Ehemann. Wir waren beide zu Tränen gerührt. Gottes Wege sind nicht unsere Wege.

In solchen Situationen zu segnen ist sehr mutig, wenn nicht sogar majestätisch und vor allen Dingen: Christus immer ähnlicher.

Jene zu segnen, die es aus unserer Sicht nicht verdienen, entspricht dem Herzen Gottes und seinem besonderen Charakter. Denken wir an den Dieb, der neben Jesus gekreuzigt wurde oder die Frau, die beim Ehebruch erwischt wurde. Und was ist mit Ihnen und mit mir?

Zu segnen ist für den Menschen vorerst „realitätsfern" und widerspricht unserer Intuition. In schmerzhaften Situationen ist es nicht das, was wir wie selbstverständlich tun würden. Doch es ist Gottes Art und heilt denjenigen, der segnet genauso sehr wie denjenigen, der den Segen empfängt. Es trennt uns von all der giftigen Bitterkeit, den Rachegelüsten, dem

Ärger und Zorn, der später unseren Körper verletzen oder gar unser Leben verkürzen würde.

Hier ist eine E-Mail, die ich kürzlich von Denis erhielt:

Vor ungefähr drei Monaten telefonierte ich mit meinem Bruder. Wir sprechen nicht sehr oft miteinander, da wir in verschiedenen Städten wohnen und arbeiten.

Als wir unser freundschaftliches Gespräch fast beendet hatten, fragte ich ihn, ob ich das Unternehmen, welches er mit seiner Frau betreibt, segnen dürfe. Er antwortete nicht sehr freundlich. Eigentlich war er sehr gemein und sagte einige Dinge, die mich wirklich traurig machten. Ich fragte mich sogar, ob unsere Beziehung jetzt dauerhaft Schaden nehmen würde. Trotzdem verwendete ich in den folgenden Wochen die Prinzipien aus „Die wunderbare Kraft des Segnens", um sein Unternehmen zu segnen, während ich meinem Alltag nachging. Manchmal tat ich das sogar zwei- oder dreimal am

Tag. Dann, drei Monate später, am Tag vor Weihnachten rief mich mein Bruder an, so als wäre nichts geschehen. Ich war sehr überrascht von seiner freundlichen Haltung und es war nichts mehr von Feindseligkeit zwischen uns zu spüren.

Die außergewöhnliche Kraft des Segnens in Situationen, die wir nicht kontrollieren können, funktioniert tatsächlich… Preist den Herrn!

Jene segnen, die uns provoziert haben
Eins der Dinge, das die Menschen am allermeisten zur Weißglut treibt, ist das egoistische, rücksichtslose oder sogar betrügerische Verhalten anderer im Straßenverkehr. Es geschieht schließlich immer und immer wieder. Ziemlich unchristliche Wörter können dann ganz schnell in unseren Geist kommen und ausgesprochen werden. Wenn das passiert, verfluchen wir jemanden, den Gott geschaffen hat und den er sehr liebt. Doch Gott kann diese Person auch sehr gut schützen.

Das nächste Mal, wenn Sie in so eine Situation

geraten, versuchen Sie lieber den anderen Verkehrsteilnehmer zu segnen, anstatt ihn mit bösen Worten zu überziehen:

Ich segne diesen jungen Mann, der sich in der Schlange vorgedrängelt hat. Ich verkünde Deine Liebe über ihn, Herr. Ich lege all Deine Güte und Deine Absichten für sein Leben in ihn. Ich segne diesen jungen Mann und rufe sein Potenzial hervor. Möge er sicher zu Hause ankommen und ein Segen für seine Familie sein. In Jesu Namen. Amen.

Oder weniger formell:

Vater, ich segne den Fahrer dieses Autos, in Jesu Namen. Möge Deine Liebe ihn verfolgen, ihn einnehmen und ihn dann festnehmen!

Einer meiner Leser machte eine interessante Beobachtung:

Ich habe bemerkt, dass das Segnen mich verändert hat. Ich kann nicht Leute segnen, weil sie mich beispielsweise genervt haben und danach schlechte Worte oder nur Gedanken über sie verlieren. Das wäre falsch. Anstelle dessen schaue ich stets nach guten Veränderungen, die durch die Segnung entstanden sein können… – Jillian

Ich hatte einmal einen Freund, der John hieß. Er lud mich ein um für seine Familie zu beten, die sich über eine Erbschaftsangelegenheit stritt. Dieser Streit schleppte sich weiter und wurde immer unschöner. Ich schlug schließlich meinem Freund vor, die Situation lieber zu segnen, anstatt für sie zu beten.

Wir segnen diese Streitsituation, die aufgrund eines Erbes entstand, in Jesu Namen. Wir halten gegen Trennung, Behauptung und Kampf an und wir legen Gerechtigkeit, Fairness und Versöhnung darüber. Mit unserer Segnung schieben wir unsere eignen Gedanken und Wünsche beiseite und überlassen es Gott, seine Pläne für die Teilung der Erbschaft durchführen zu können. In Jesu Namen. Amen.

Innerhalb einiger Tage war diese Angelegenheit freundschaftlich gelöst.

Ich fand sehr schön, was ein anderer Leser zu sagen hatte:

> *Ich war erstaunt über die schnelle „Antwortzeit", die ich nach dem Segnen anderer bemerkte. Es scheint, als wäre der Herr bereit, in einem großen Satz mit seiner Liebe zu den Menschen zu springen, sobald wir Segensgebete aussprechen.*
> *– Pastor Darin Olson, Junction City, Oregon Nazarener Kirche*

Das Segnen kann wirklich unsere Welt verändern.

UNS SELBST SEGNEN, ANSTATT UNS ZU VERFLUCHEN

Flüche erkennen und sie brechen
Leider viel zu häufig schwirren uns Gedanken wie „ich bin hässlich, ich bin dumm, ich bin tollpatschig, ich bin schwer von Begriff, niemand mag mich, Gott könnte gar nichts mit mir anfangen, ich bin ein Sünder…" in unserm Kopf herum. All das sind Behauptungen, die uns Satan in den Kopf pflanzt.

Ich habe eine Freundin, die das immer wieder tut und das macht mich wirklich traurig. Immer wieder sagt sie etwas wie „Oh, du dummes Mädchen, Rose (nicht ihr tatsächlicher Name). Du hast es schon wieder verhauen. Du kannst aber auch wirklich gar nichts…"

Wiederholen Sie diese Sätze nicht und akzeptieren Sie sie erst recht nicht! Segnen Sie sich stattdessen.

Ich erinnere mich an eine bestimmte Situation eines

Gruppengebets. Ich erkannte den Geist der Wertlosigkeit über eine Frau, die kam, damit für sie gebetet würde. Während des Gebetes sagte sie plötzlich „Ich bin dumm". Daraufhin fragte ich sie, wo sie das gehört habe. Sie erzählte mir, dass ihre Eltern dies stets zu ihr gesagt hatten. Wie traurig… und leider etwas, das sehr häufig vorkommt.

Ich half ihr, eine Segnung auszusprechen:

> *In Jesu Namen, ich vergebe meinen Eltern. Ich vergebe mir selber. Ich breche den Fluch, der durch diese Worte, die meine Eltern und ich selber zu mir gesagt haben, entstanden ist. Ich hab den Geist Christi in mir. Ich bin schlau.*

Wir haben den Geist der Zurückweisung und der Wertlosigkeit abgelehnt. Dann segnete ich sie und sprach über ihr aus, dass sie Gottes Tochter, seine Prinzessin ist. Ich sagte ihr, dass sie wertvoll ist und Gott sie dafür nutzen möchte, andere Menschen zu segnen, ihnen Hoffnung und emotionale Heilung zu schenken. Ich segnete sie mit Mut.

Langsam nahm sie die Segnung in sich auf und begann zu leuchten. In der folgenden Woche berichtete sie, wie gut ihr das getan hat. Wir können wirklich unsere Welt verändern.

Jeder kann das tun. Die Bibel ist voll mit Plänen, die Gott für jeden Menschen hat, und wir können diese Pläne über den Menschen aussprechen.

Ich möchte ein weiteres Beispiel erzählen. Vor kurzem betete ich für eine Frau, die Magenschmerzen hatte. Während ich betete, kam der Heilige Geist in sie und sie krümmte sich, als würden Dämonen ihren Körper verlassen. Alles war gut für einige Tage, doch dann kamen die Schmerzen wieder. „Warum, Herr?", fragte sie. Sie fühlte, dass der Heilige Geist sie an einen Moment vor kurzer Zeit erinnerte. Während sie in einem Camp war, sagte jemand zu ihr, sie solle darauf achten, das Hühnchen ordentlich zu kochen, damit die Leute nicht krank würden. Sie antwortete, dass sie in den nächsten paar Tagen nicht krank werden wollte (über die Dauer der Konferenz), doch danach wäre es nicht allzu schlimm. Also musste Sie nun die

Kraft dieser unüberlegten Worte brechen und direkt danach wurde sie wieder gesund.

Den eigenen Mund segnen

Ich segne meinen Mund, um das aussprechen zu können, was wertvoll ist, und nichts, was ohne Wert ist, damit ich Gottes Bote sein darf. (Basierend auf Jeremia 15,19)

Viele der Wunder, die Jesus tat, wurden nur durch seine Worte erreicht. „Geh nach Hause, dein Sohn lebt." (Johannes 4,50). Genau das möchte ich erreichen. Aus diesem Grund segne ich meinen Mund und achte darauf, was aus ihm herauskommt.

Meine Frau und ich waren einmal in einem Hotel in Noumea. Wir konnten ein Baby fast unaufhörlich die gesamte Nacht schreien hören. Nach ein paar Nächten dieser Art ging meine Frau zu dem benachbarten Zimmer und fragte die Mutter des Kindes, was los sei. Die Frau erklärte ihr, dass sie es nicht wisse, doch der

Arzt habe dem Baby nun die dritte Serie von Antibiotika gegeben, aber nichts würde helfen. Meine Frau fragte die Mutter, ob ich für das Baby beten dürfe, und sie willigte etwas skeptisch ein. Also betete ich in meinem mittelmäßigen Französisch für das Baby und sprach dem Kind im Vertrauen und Glauben zu, dass es „wie ein Baby schlafen würde". Und genau das tat es.

Den Geist segnen
Ich sage immer wieder:

> *Ich segne meinen Geist; Ich habe den Geist Christi. Daher kann ich seine Gedanken denken. Mögen meine Gedanken ein heiliger Ort sein, an dem sich der Heilige Geist gerne aufhält. Möge mein Geist Worte des Wissens, der Weisheit und Offenbarung empfangen.*

Von Zeit zu Zeit zweifle ich an der Reinheit meiner Gedanken, dann spreche ich diese Segnung aus und spüre, dass es mir hilft. Ebenso segne ich dann auch meine Vorstellungskraft, damit sie mir zum Guten und nicht zum Bösen dient. Ich hatte eine Zeitlang immer Probleme mit meiner Vorstellungskraft. Stets sind meine Gedanken zu Vorstellungen abgeschweift, die ich nicht in meinem Kopf haben wollte. Dann schenkte mir Gott einen Eindruck: „Stell dir Jesus vor, der all seine Wunder tut… und dann: sieh dich selbst diese Wunder tun." Ich empfinde es als effektiver, wenn man über etwas Gutes nachdenkt (Philipper 4,8) , als darüber nachzudenken, dass man über etwas Bestimmtes nicht nachdenken sollte. Und den eigenen Geist und die Vorstellungskraft zu segnen , hilft dabei diese Heiligkeit zu erreichen.

Als ich einmal bedrückt darüber war, falsche Gedanken zugelassen zu haben, sprudelten plötzlich die Worte einer alten Hymne in meinem Herzen hoch:

Sei du meine Vorstellung,
oh Herr meines Herzens.
Nichts anderes soll so fest in
mir verankert sein, wie Du,
Du sollst mein Gedanke sein,

bei Tag oder bei Nacht.
Ob ich wache oder schlafe,
Deine Präsenz soll mein Licht sein.

Unsere Körper segnen
Kennen Sie den Satz: „Ein fröhliches Herz macht den Körper gesund" (Sprüche 17,22)? In der Bibel steht geschrieben, dass unsere Körper auf positive Worte und Gedanken reagieren:

Ich segne meinen Körper. Ich löse ihn heute von Schwäche. Ich segne meine physische Gesundheit.

Ich schaute einmal ein Video über einen Mann, der ernsthafte Herzprobleme hatte. Sein Bypass war blockiert. Er segnete seine Arterien für gute drei Monate, indem er ihnen erklärte, dass sie furchtlos und wundervoll geschaffen sind. Als er zum Arzt zurückkehrte, stellte sich heraus, dass durch wundersame Weise ein neuer Bypass entstanden war!

Ich wollte das für meine Haut ausprobieren. Ich hatte

Probleme mit einem Sonnenbrand auf meiner Haut, den ich als Jugendlicher bekommen hatte. Nun, in meinem Alter, kamen kleine Geschwülste aus meiner Schulter und meinem Rücken, die alle paar Monate weg vereist werden mussten. Ich entschied mich dafür, meine Haut zu segnen. Zuerst segnete ich sie bloß in Jesu Namen. Doch dann las ich etwas über die Haut, was meine Perspektive veränderte. Mir wurde bewusst, dass ich über das größte Organ meines Körpers kaum etwas wusste. Ich habe oft über meine Haut gesprochen, doch noch nie zu ihr. Zudem bezweifle ich, dass ich je etwas Gutes über sie gesagt habe, sondern mich höchstens über sie beschwert habe. Ich war undankbar.

Dabei ist die Haut großartig. Es ist ein klimatisierendes und reinigendes System. Es schützt den Körper vor Keimen und heilt sich selber. Es bedeckt und beschützt all unsere inneren Organe und sieht dabei noch wunderschön aus.

Danke, Gott, für die Haut, mit ihren Falten und allem anderen. Ich segne dich, meine Haut.

Nach einigen Monaten des Segnens ist meine Haut nun fast vollständig geheilt. Der Schlüssel dazu lag in dem Moment, als ich begann, meine Haut wertzuschätzen und dankbar für sie zu sein. Sie ist wunderbar gemacht. Das war für mich eine echte Lehre. Beschwerden halten das Königreich Gottes zurück, während Dankbarkeit es hervorbringt.

Hier ist ein Zeugnis meines Freundes, David Goodman:

Vor einigen Monaten hörte ich Richard über das Thema „Segnen" predigen. Ein ziemlich harmloses Thema, aber eines, das aufgrund der Richtung, aus der es kam, nachhallte. Das Ergebnis war, das Segnen sich als etwas herausstellte, worum wir Gott nicht bitten müssen, sondern für das wir als Christen die Vollmacht, wenn nicht gar die Verantwortung bekommen haben, um das Leben anderer Menschen mit dem Reich Gottes zu segnen. Dadurch können wir ihnen die Möglichkeit geben, Jesus Christus in ihrem Leben zu finden.

Die Idee war gut umsetzbar, als es um das Seg-

nen anderer ging. Doch als es darum ging, mich selbst zu segnen, fühlte ich mich wie hinter einer Mauer festgehalten. Ich wurde den Gedanken nicht los, dass ich dafür nicht gut genug war, dass ich zu egoistisch war und dass ich es für eine Selbstverständlichkeit Gottes hielt. Diese Sichtweise änderte sich, nachdem ich erkannte, dass wir als Christen neugeborene Kreaturen sind, für die Gott einen richtigen Plan hat. Daher ist der Körper, den wir nun geschenkt bekommen haben, ein Schatz, den wir gut behandeln müssen. Dieser Körper wird nun nach all dem zum Tempel, zur Wohnung des Heiligen Geistes.

Also startete ich ein Experiment. Jeden Tag, an dem ich wieder aufwachte, segnete ich einen Teil meines Körpers. Ich dankte ihm für das, was er tut, und lobte ihn dafür, wie gut er diese Arbeit tut. Ich wollte meine Finger für ihr Geschick loben, für ihre Fähigkeit, all die notwendigen Dinge zu erledigen und darüber hinaus noch mehr. Ich wollte meine Beine loben und ihnen dafür danken, dass sie mich stets unermüdlich in höchster Geschwindigkeit tragen, und für ihre

Fähigkeit in Einheit zu arbeiten. Ich lobte meinen Körper für all die Einzelteile, die so wunderbar zusammen arbeiten. Eine seltsame Sache folgte daraus.

Da ich mich physisch und mental so viel besser fühlte, lenkte ich meine Gedanken auf einen Schmerzpunkt, den ich seit einiger Zeit in meinem unteren Arm hatte. Es war ein Schmerz, der sich scheinbar im Knochen befand und der nur durch regelmäßiges Reiben ein wenig sein Pochen verlor. Ich fokussierte mich auf diesen Bereich, meinen Körper dafür lobend, sich selbst wunderbar heilen zu können. Ich lobte ihn für seine Zuverlässigkeit, Dinge zu überstehen, die ihm zur Last fallen, und für die Unterstützung, die die die einen Körperteile schenken, während ein anderer Teil geschwächt ist. Es waren nur etwa drei Wochen vergangen, als ich eines Morgens aufwachte und bemerkte, dass das Problem im Arm verschwunden war. Dieser Schmerz war weg und er kam auch nicht zurück.

Mir wurde bewusst, dass es neben dem

Geschenk, durch Glauben und durch den Segen anderer Heilung zu erfahren, ebenso die wunderbare Möglichkeit gab, uns selbst zu heilen. Das ist zudem auch eine Lektion zum Thema „Demut" gewesen. Es zeigt, wie sehr wir darauf vertrauen können, wie großartig Gott unsere Körper ausgestattet hat, damit wir selbstbewusst nach vorne treten können und ein neue Art zu leben entwickeln.

Das Heim, die Ehe und die Kinder segnen

Ihr Heim – ein typischer Haussegen
Es ist sehr gut, das eigene Zuhause zu segnen und das mindestens einmal jährlich zu erneuern. Den Ort zu segnen, an dem man lebt, bezieht die Vollmacht, die durch Jesus Christus geschenkt wurde mit ein und widmet diesen Ort dem Herrn. Dadurch wird der Heilige Geist eingeladen, dort zu wohnen, und alles, was nicht zu Gott gehört, wird aus dem Haus entfernt.

Das Zuhause besteht nicht einfach aus Stein und

Mörtel, es hat Persönlichkeit. Genau wie Sie zurzeit Zugang zu dem Haus haben, nannten Menschen vor Ihnen dieses Haus ebenfalls ihr Zuhause. Man weiß nicht, was möglicherweise in dem Haus schon geschehen ist, all das kann Segen bringen, aber genauso gut auch Fluch. Was auch immer passiert ist, Sie haben die Vollmacht geschenkt bekommen, die geistliche Atmosphäre von nun an zu beeinflussen. Wenn vom Vorbesitzer noch dämonische Mächte in dem Haus weilen, dann werden Sie dies immer ein wenig spüren können. Doch Sie haben die Möglichkeit, diese Kräfte aus dem Haus zu verbannen.

Ebenso müssen Sie natürlich darauf achten, welchen bösen Mächten Sie unabsichtlich Zugang zu Ihrem Heim verschaffen. Haben Sie gottlose Bilder, Artefakte, Bücher, Musik oder DVDs zu Hause? Welche TV-Programme erlauben Sie in ihrem Haus? Gibt es Sünde in Ihrem Heim?

Hier ist ein einfach gehaltener Segen, den Sie sprechen können, während Sie in ihrem Haus von Raum zu Raum gehen:

Ich segne dieses Haus, unser Zuhause. Es gehört zu Gott, ich weihe es Gott und ich stelle es unter die Herrschaft Jesu Christi. Es soll ein Haus des Segens sein.

Ich breche jeden Fluch in diesem Haus, durch das Blut von Jesus Christus. Ich übernehme die Autorität über jeden Dämon hier, in Jesu Namen. Ich befehle ihnen nun dieses Haus zu verlassen und niemals wieder zurück zu kommen. Ich vertreibe jeden Streit, jede Trennung und jede Uneinigkeit. Ich vertreibe den Geist der Armut.

Komm, Heiliger Geist, und vertreibe alles, was nicht von Dir ist. Fülle dieses Haus mit deiner Anwesenheit. Lass deine Früchte hier wachsen: Liebe, Freude, Frieden, Freundlichkeit, Geduld, Güte, Zuvorkommenheit, Treue und Selbstbeherrschung. Ich segne dieses Haus mit überfließendem Frieden und sprudelnder Liebe. Mögen alle, die dieses Haus betreten, deine Anwesenheit spüren und gesegnet werden. In Jesu Namen. Amen.

Ich bin durch mein gesamtes Haus gelaufen und habe es gesegnet. Zudem habe ich geistlich das Blut Jesu verteilt, um den Besitz und die Menschen darin vor allem Bösem und vor Naturkatastrophen zu schützen.

Ihre Ehe

Wir haben entweder eine Ehe, die wir segnen, oder eine, die wir verfluchen.

Als ich diese Aussage das erste Mal in *The Power of Blessing* von Kerry Kirkwood las, war ich ein wenig schockiert. Ist das wirklich wahr?

Ich habe lange darüber nachgedacht und glaube, dass diese Worte wahr sind. Alles Unglück, das mit unserer Ehe oder an unseren Kindern geschieht, ist eine Folge davon, dass wir sie nicht segnen. Durch das Segnen erhalten wir Gottes Gnade, die er für uns vorgesehen hat, in vollem Ausmaß. Das beinhaltet auch ein langes Leben und gesunde Beziehungen. Wir werden zu Teilnehmern oder Partnern der Menschen oder Situationen, die wir segnen.

Achten Sie auf Flüche. Ehemann und Ehefrau kennen sich zu gut. Wir kennen die wunden Punkte. Sagen Sie selbst manchmal so etwas? Oder wurde so etwas schon mal zu Ihnen gesagt? „Du hörst nie zu." „Dein Gedächtnis ist so schlecht." „Du kannst nicht kochen." „Es ist hoffnungslos mit dir…" Wenn diese Dinge nur häufig genug ausgesprochen werden, dann werden sie zu Flüchen und sie werden wahr.

Fluchen Sie nicht, segnen Sie. Vergessen Sie nicht, wenn Sie fluchen (Worte des Todes), erhalten Sie nicht den Segen, den Gott für Sie vorgesehen hat. Und noch viel schlimmer als das: Fluchen hat einen größeren Einfluss auf uns selber, als auf die, die wir verfluchen. Könnte es ein Grund dafür sein, dass Gebete nicht erhört werden?

Das Segnen zu lernen , ist wie eine neue Sprache zu lernen. Zuerst ein wenig fremd. Beispielsweise folgendermaßen,

> *Nicole, ich segne dich im Namen des Vaters, des Sohnes und des Heiligen Geistes. Ich setze all*

die Güte Gottes über dir frei. Mögen sich Gottes Absichten in deinem Leben verwirklichen.

Ich segne deine Gabe, Menschen kennenzulernen und sie zu lieben, deine Gabe herzlichster Gastfreundschaft. Ich segne deine Gabe, mit der du Menschen das Gefühl von Behaglichkeit schenkst. Ich rufe aus, dass du die Gastgeberin Gottes bist und dass du Menschen so empfängst, wie Er es tun würde. Ich segne dich mit der Kraft, dies auch im Alter tun zu können. Ich segne dich mit Gesundheit und einem langen Leben. Ich segne dich mit dem Öl der Freude.

Ihre Kinder

Es gibt viele Wege, ein Kind zu segnen. So segne ich meine Enkelin, die vier Jahre alt ist:

Ashley, ich segne dein Leben. Mögest du eine wunderbare Frau nach Gottes Herzen werden. Ich segne deinen Geist, damit er gesund bleibt und du Weisheit und Urteilsvermögen in allen Entscheidungen hast. Ich segne deinen Körper, damit er rein bleibt bis zu deiner Hochzeit. Ich segne ihn, damit er stark und gesund bleibt. Ich segne deine Hände und Füße, damit sie das tun können, was Gott für sie vorgesehen hat. Ich segne deinen Mund. Möge er Worte der Wahrheit und Ermutigung sprechen. Ich segne dein Herz, damit es wahrhaftig bleibt im Herrn. Ich segne das Leben deines zukünftigen Ehemannes und deiner zukünftigen Kinder mit Reichtum und Einigkeit. Ich liebe alles an dir, Ashley, und ich bin stolz, dein Opa sein zu dürfen.

Natürlich können wir unsere Kinder in bestimmten, problematischen Situationen angemessen segnen. Wenn sie Schwierigkeiten in der Schule haben, können wir ihr Gedächtnis segnen, damit es sich besser an die Unterrichtsstunden erinnert und damit es die Konzepte hinter der Lehre besser versteht. Wenn sie gehänselt werden, können wir sie segnen, damit sie an Weisheit und Format zunehmen, in der Gunst Gottes und anderer Kinder wachsen; und so weiter. Ich erinnere mich an ein Gespräch mit einer wunderbaren Frau Gottes über ihren Enkel. Alles, was sie über ihn erzählte, drehte sich um seine Fehler, seine rebellische Art und seine Verhaltensauffälligkeiten, die er in der Schule zeigte. Er wurde zu einem Camp geschickt, in dem sich sein Verhalten verbessern sollte, jedoch wurde er nach Hause geschickt, da er zu viel gestört hatte.

Nachdem ich der Frau einige Zeit zugehört hatte , erklärte ich ihr, dass sie ihren Enkel gerade durch ihre Worte ungewollt verfluchte und ihn mit ihren Worten einschließen würde. Sie hörte sofort auf, schlecht über ihn zu reden und segnete ihn stattdessen. Ihr Ehemann, der Großvater des Jungen, tat dasselbe. Innerhalb weniger Tagen hatte sich der Junge komplett verändert, kehrte zum Camp zurück und blühte auf. So viel zum Thema schneller Ergebnisse des Segnens!

Eines der schönsten Dinge, die ein Vater seinen Kindern geben kann, ist der väterliche Segen. Ich lernte darüber aus *Der väterliche Segen* von Frank Hammond, ein wunderbares Buch. Ohne den väterlichen Segen ist stets das Gefühl vorhanden, dass etwas fehlt. Es entsteht eine Leere, die durch nichts anderes gefüllt werden kann. Väter, legt euren Kindern und anderen Familienmitgliedern öfters die Hände

Uns selbst segnen, anstatt uns zu verfluchen | 75

auf (die Hände z.B. auf die Schultern oder den Kopf legen) und segnet sie. Entdeckt, was Gott Gutes für Sie und den Gesegneten tun wird.

Wo auch immer ich diese Botschaft verbreite, frage ich erwachsene Männer und Frauen: „Wie viele Menschen hier haben je die Hände ihres Vaters aufgelegt bekommen und wurden von ihm gesegnet?" Nur sehr wenige Menschen heben die Hand. Dann drehe ich die Frage um: „Wie viele von ihnen haben niemals eine solche Art des Segens erhalten?". Fast jede Hand geht danach in die Höhe.

Danach frage ich sie, ob sie es erlauben, ihnen in diesem Moment ein geistlicher Vater sein zu dürfen. Als Ersatz für ihren leiblichen Vater, so dass ich ihnen in der Kraft des Heiligen Geistes den Segen zusprechen darf, den sie nie zuvor erhalten haben. Das Echo ist stets überwältigend: Tränen, Befreiung, Freude, Heilung. Einfach atemberaubend!

Wenn Sie sich nach einem väterlichen Segen sehnen, so wie ich ihn gegeben habe, dann sagen Sie das Folgende laut zu sich selbst. Es ist eine Segnung, die ich aus dem Buch von Frank Hammond entnommen habe.

Ein väterlicher Segen

Mein Kind, ich liebe dich! Du bist etwas ganz Besonders. Du bist ein Geschenk Gottes. Ich danke Gott dafür, dass ich dein Vater sein darf. Ich bin stolz auf dich und freue mich über dich. Und nun segne ich dich.

Ich segne dich, damit all die Wunden deines Herzens geheilt werden. Wunden der Zurückweisung, Vernachlässigung oder Missbrauch, die du erfahren musstest. In Jesu Namen breche ich die Kraft all dieser grausamen und ungerechten Worte, die über dir ausgesprochen wurden.

Ich segne dich mit überströmendem Frieden, einem Frieden, den nur der Prinz des Friedens schenken kann.

Ich segne dein Leben mit Fruchtbarkeit. Mit den

guten, üppigen Früchten und denen, die Bestand haben.

Ich segne dich mit Erfolg. Du bist der Kopf und nicht der Schwanz. Du bist ganz oben und nicht ganz unten.

Ich segne die Gaben, die Gott dir geschenkt hat. Ich segne dich mit Weisheit, damit du gute Entscheidungen treffen und dein Potenzial mit Christi Hilfe völlig ausschöpfen kannst.

Ich segne dich mit völligem Wohlergehen, damit du ein Segen für andere sein kannst.

Ich segne dich mit geistlichem Einfluss. Denn du bist das Licht der Welt und das Salz der Erde.

Ich segne dich mit einem tiefen, geistlichen Verständnis und einem Gang dicht an der Seite des Herrn. Du wirst nicht stolpern, da das Wort des Herrn eine Leuchte für deine Füße und ein Licht auf deinem Weg sein wird.

Ich segne dich, damit du Männer und Frauen so sehen kannst, wie Jesus sie sah und sieht.

Ich segne dich, damit du das Gold in den Menschen sehen, herausfinden und preisen kannst, nicht den Schmutz.

Ich segne dich, damit du Gott zu deinem Arbeitsplatz bringen kannst. Nicht nur um christlich zu agieren, sondern um ihn mit deiner exzellenten und kreativen Arbeit verherrlichen zu können.

Ich segne dich mit guten Freunden. Du hast Wohlgefallen an Gott und den Menschen.

Ich segne dich mit überfließender und grenzenloser Liebe, die dich dazu befähigt, anderen von der Liebe Gottes zu erzählen. Du wirst Gottes tröstende Güte anderen weitergeben. Du bist gesegnet, mein Kind! Du bist gesegnet mit jedem geistlichen Segen in Jesus Christus. Amen!

Zeugnisse über den Wert eines väterlichen Segens

Ich wurde durch den väterlichen Segen verändert. Seitdem ich auf der Welt bin, habe ich niemals zuvor solch eine Botschaft gepredigt bekommen. Ich hatte niemals einen biologischen Vater, der mir in meinem Leben so etwas sagen konnte. Gott hat dich, Richard, gebraucht, mir diesen Segen zu geben. Als du diesen Segen vom Vater zum Sohn über mich hast kommen lassen, wurde mein Herz getröstet. Nun bin ich glücklich und gesegnet. – Pastor Wycliffe, Alumasa, Kenia

Es war ein langer und schwerer Weg für mich, durch meine Depression zu kommen. Es war ein Kampf gegen viele Fronten – Kopf, Geist und Körper. Meine Vergangenheit heilen zu lassen, stellte sich als das Wichtigste heraus. Nichts war entscheidender, als meinem Vater zu vergeben. Nicht nur die Dinge, die er in der Vergangenheit getan hatte, sondern ganz besonders auch die Dinge, die er nicht getan hatte, seine Versäum-

nisse. Mein Vater hat mir nie gesagt, dass er mich liebt. Er hatte eine emotionale Blockade. Er brachte nicht ein liebendes, fürsorgliches oder emotionales Wort über die Lippen – trotz meiner Sehnsucht danach.

Obwohl ich vergeben könnte und sich ein innerer Prozess der Heilung entwickelte, der meine Depression verringerte, hatte ich noch immer physische Probleme, ein irritables Darmsyndrom. Mir wurden von meinem Arzt einige Medikamente und Diäten verschrieben, die alle jedoch kaum Wirkung zeigten. Zudem bekämpften sie alle nur die Symptome und heilten nicht die Krankheit.

Mein Freund Richard hat mir Geschichten über den väterlichen Segen erzählt und welche Auswirkung dieser auf die Menschen hatte. Etwas in meinem Geist hielt an dem Gedanken fest. Mir wurde klar, dass während ich meinem Vater vergab, ich jedoch vergessen hatte, das eigentliche Loch in meiner Seele zu füllen und die Sehnsucht zu befriedigen. Und so passierte es. Eines Mor-

gens, in einem Café, tat Richard das, was mein Vater nie getan hatte, und segnete mich als einen Sohn. Der Heilige Geist erfüllte mich und blieb den ganzen Tag in mir. Es war eine wunderschöne Erfahrung und der Teil meiner Seele, der stets weinte, hatte nun Frieden.

Ein unerwartetes Ergebnis war zudem, dass meine Symptome des irritablen Darmsyndroms komplett verschwunden waren. Meine Medikation, sowie die Diät des Doktors wurden abgesetzt. Als meine Seele das erhielt, wonach sie sich gesehnt hatte, wurde auch mein Körper geheilt. – Ryan

Andere durch prophetische Weisung segnen
Genauso, wie ich Ihnen ein paar Beispiele gegeben habe, die Ihnen helfen sollen, das Segnen umzusetzen, ist es gut, den Heiligen Geist um die richtigen Worte zur richtigen Zeit zu bitten. Wenn die Situation es erlaubt, versuchen Sie sich völlig auf den Heiligen Geist zu konzentrieren und beten Sie in Zungen oder lobpreisen Sie Gott.

Sie können ruhig mit den oben genannten Möglichkeiten beginnen, doch vertrauen Sie stets darauf, dass der Heilige Geist sie leiten wird. Hören Sie auf Seinen Herzschlag. Zu Beginn werden Sie vermutlich noch etwas zögerlich sein, doch schon bald werden Sie nach Gottes Herzen segnen.

Den Arbeitsplatz segnen
Blättern Sie zu Teil 1 zurück und passen Sie mein Beispiel an Ihre persönlichen Umstände an. Seien Sie offen gegenüber dem, was Gott Ihnen zeigen möchte, er wird Ihre Perspektive ausrichten. Ein Segen ist kein Zauberspruch. Beispielsweise wird Gott Menschen nicht dazu bringen, irgendetwas zu kaufen, das sie nicht brauchen oder haben möchten. Genauso wenig wird Gott Faulheit oder Unehrlichkeit segnen. Doch wenn Sie sich nach Gottes Wirken sehnen, sollten Sie Ihr Unternehmen segnen, damit er es von dem aktuellen Standpunkt dorthin führen kann, wo er es gerne haben würde. Hören Sie auf Seinen Rat oder auf den Rat der Menschen, die Er Ihnen über den Weg schickt. Seien Sie offen. Aber erwarten Sie

auch seine Gunst, denn er liebt Sie und möchte, dass Sie erfolgreich sind.

Ich erhielt folgendes Zeugnis von Ben Fox:

Meine bestimmte Aufgabe in der Immobilien Branche veränderte sich in den letzten paar Jahren und es gab einen signifikanten Abschwung in meinem Geschäft. Ich bin zu einigen Menschen gegangen, damit sie für meinen Arbeitsplatz beten, denn mein Arbeitspensum verringerte sich in einem solchen Ausmaß, dass ich begann besorgt und ängstlich zu werden.

Zur etwa gleichen Zeit, Anfang des Jahres 2015, hörte ich Herrn Brunton darüber predigen, den Arbeitsplatz, die Familie und andere Bereiche des Lebens zu segnen. Bis zu diesem Zeitpunkt lag mein Fokus stets darauf, Gott zu bitten, mir in diesen Bereichen zu helfen. Die Idee, persönlich den Segen aussprechen zu können, hätte ich zuvor noch nicht gehört. Doch dann konnte ich überall in der Bibel lesen, dass wir dazu aufgeru-

fen sind, dies durch die Vollmacht, die Jesus uns geschenkt hat, zu tun. Also begann ich meinen Arbeitsplatz zu segnen, Gottes Worte darüber auszusprechen und Gott dafür zu danken. Ich beharrte darin, jeden Morgen meine Arbeit zu segnen und Gott für neue Aufgaben zu danken sowie ihn darum zu bitten mir Kunden zu schicken, denen ich helfen kann.

In den nächsten zwölf Monaten stieg mein Arbeitspensum wieder enorm an und seitdem habe ich teilweise sogar Schwierigkeiten, die Arbeit zu erledigen, die vor mir liegt. Ich habe gelernt, es gibt einen Weg, Gott in unsere alltäglichen Berufungen einzubeziehen. Unsere Arbeit zu segnen, ist ein Teil von dem, wozu Gott uns berufen hat. Daher gebe ich Gott alle Ehre. Ich begann ebenso, den Heiligen Geist an meinen Arbeitsplatz einzuladen und Ihn um Weisheit und Kreativität zu bitten. Ich habe zudem festgestellt, dass ich meine Arbeit oft sehr gut und deutlich vor der erwarteten Zeit erledigt bekomme, wenn ich den Heiligen Geist bitte, mir zu helfen.

Mir kommt es so vor, als wäre die Lehre des Segnens und wie man es praktiziert in vielen Kirchen in Vergessenheit geraten, da die meisten Christen, mit denen ich spreche, sich dessen ebenfalls nicht bewusst sind. Meine Arbeit und andere Menschen zu segnen, ist mittlerweile eine alltägliche Gewohnheit geworden. Ich freue mich stets beobachten zu können, wie sich die Menschen und Situationen entwickeln, die ich nach Gottes Herzen und in Jesu Namen gesegnet habe.

Eine Gemeinschaft segnen
Ich denke hier daran, eine Kirchengemeinde – oder vergleichbare Organisation zu segnen.

Ihr Mitglieder von .... (Gemeinschaft), wir segnen euch in Jesu Namen, damit ihr Gott kennenlernt und Seine Pläne für euer Leben erkennt. Wir segnen euch, damit ihr seine Segnungen für euch, eure Familien und all die Situationen in eurem Leben sehen könnt.

Wir segnen jeden Haushalt in ....

(Gemeinschaft). Wir segnen jede Ehe und wir segnen die Beziehungen zwischen Familienmitglieder verschiedener Generationen.

Wir segnen eure Gesundheit und euren Wohlstand.

Wir segnen die Arbeit eurer Hände. Wir segnen jedes heilsame Vorhaben, in welches ihr eingebunden seid. Mögen sie aufblühen können.

Wir segnen die Schüler an euren Schulen. Wir segnen Sie, damit sie lernen und verstehen können, was ihnen beigebracht wird. Mögen sie in Weisheit und Gestalt wachsen und daran, Gott und den Menschen zu gefallen. Wir segnen die Lehrer und beten, dass die Schule ein sicherer und heilsamer Ort sein kann, an dem der Glaube an Gott und an Jesus Christus in Frieden vermittelt werden kann.

Wir sprechen zu den Herzen der Menschen, die in dieser Gemeinde leben. Wir segnen Sie, damit sie für die Berührung durch den Heiligen Geist offen sein können und sie immer mehr für das Reden der Stimme Gottes empfänglich werden. Wir segnen sie im Überfluss mit dem Königreich des Himmels, welches wir schon hier in .... (Kirche) erfahren können.

Offensichtlich sollte diese Segnung an die Art der Gemeinschaft angepasst werden. Wenn es eine landwirtschaftliche Gemeinschaft ist, dann könnte man das Land und die Tiere segnen. Wenn es eine Gemeinschaft ist, in der viel Arbeitslosigkeit herrscht, dann kann man die lokalen Unternehmen segnen, Arbeitsplätze zu schaffen. Zielen Sie den Segen auf die Bedürfnisse ab. Kümmern Sie sich nicht darum, ob die Gemeinschaft es verdient hat oder nicht! Die Menschen werden in ihren Herzen spüren, von wo der Segen gekommen ist.

Das Land segnen

Im 1. Buch Mose sehen wir Gott, wie er die Menschen segnet, ihnen die Herrschaft über das Land und alle lebendigen Dinge schenkt und sie dazu beruft, fruchtbar zu sein und sich zu vermehren. Dies war ein

Aspekt der ursprünglichen menschlichen Herrlichkeit.

Als ich kürzlich in Kenia war, traf ich einen Missionar, der Straßenkindern etwas über Landwirtschaft beibrachte. Er erzählte mir von einer muslimischen Gemeinde, die behauptete, ihr Land sei verflucht, weil nichts darauf wuchs. Mein missionarischer Freund und seine christliche Gemeinde segneten das Land und es wurde fruchtbar. Dies war eine extreme extreme Offenbarung der Macht Gottes, die durch Segnung entstand.

Während ich in Kenia war, lief ich auch zu den verschiedenen Waisenhäusern, die unsere Kirche unterstützt, und segnete ihre Plantagen, ihre Gärten, ihre Hühner und ihre Kühe. Außerdem habe ich auch meine eigenen Obstbäume mit großem Erfolg gesegnet.

Geoff Wiklund erzählte die Geschichte einer Kirche auf den Philippinen, die ein Stück des Kirchenlandes inmitten einer extremen Trockenzeit segnete. Ihr Land war der einzige Ort, der Regen abbekam.

Benachbarte Farmer kamen, um etwas Wasser aus den Gräben rund um die Kirche zu schöpfen, damit sie ihren Reis bewässern konnten. Auch das war ein bemerkenswertes Wunder, durch das Gottes Größe durch Segnen offenbart wurde.

Den Herrn segnen
Auch wenn ich diesen Teil als letztes aufgeschrieben habe, sollte er eigentlich zu allererst kommen. Der Grund, warum ich ihn jedoch hinten angestellt habe, ist der, dass es in gewisser Weise nicht in das Konzept passt, Gottes Absichten über jemanden oder etwas auszusprechen. Eher geht es hier darum, „glücklich zu machen".

Wie segnen wir Gott? Eine Möglichkeit, dies zu tun, wird in Psalm 103 demonstriert:

Komm und lobe den Herrn, meine Seele ... und vergiss nicht, was Er dir Gutes getan hat...

Was hat der Herr unserer Seele Gutes getan? Er vergibt, heilt, erlöst, krönt, erfüllt und erneuert uns...

Ich mache es mir täglich zur Aufgabe, Gott für das zu danken, was Er an mir und durch mich tut. Ich erinnere mich daran und schätze all das wert, was Er für mich bedeutet. Das segnet Ihn, und mich ebenso! Wie fühlen Sie sich, wenn ein Kind das wertschätzt und Ihnen für das dankt, was sie getan oder gesagt haben? Es erwärmt Ihr Herz und schenkt das Bedürfnis, noch mehr für das Kind zu tun.

Ein Abschlusswort eines Lesers

Es ist schwer zu erklären, wie das Segnen mein Leben verändert hat. Meiner Erinnerung nach hat bisher niemand einen Segen, den ich ihm angeboten habe, abgelehnt. Ich durfte sogar einen muslimischen Mann segnen. Jemandem anbieten ihn zu segnen, eröffnet neue Türen und Wege… Es ist so ein einfacher Weg, der nicht einschüchtert und durch den man das Königreich Gottes in eine Situation oder in das Leben eines Menschen hineinlegen kann. Für mich persönlich hat die Möglichkeit, segnen zu können, so etwas wie ein neues geistliches Werkzeug in mein Leben gebracht... Es scheint, als hätte ein Teil meines Lebens immer gefehlt und nun wurde es mir geschenkt... – Sandi

ANWENDUNGEN

- Denken Sie an jemanden, der Sie verletzt hat – vergeben Sie ihm, falls es notwendig ist, aber dann gehen Sie einen Schritt weiter und segnen Sie ihn.

- Denken Sie an fluchende Ausdrücke, die Sie regelmäßig zu anderen oder zu sich selbst sagen. Was werden Sie dagegen unternehmen?

- Schreiben Sie eine Segnung für sich selber, ihren Ehepartner und Ihre Kinder auf.

- Treffen Sie sich mit einer anderen Person und seien Sie offen für das, was Sie ihr durch Gott prophezeien sollen. Bitten Sie Gott um eine Offenbarung über etwas Bestimmtes und ermutigen Sie die Person in dieser Sache. Beginnen Sie mit allgemeinen Worten, wie „Ich segne dich in Jesu Namen. Mögen Gottes Pläne und Absichten für dein Leben Früchte tragen…" und warten Sie, seien Sie geduldig. Vergessen Sie nicht, dass Sie den Geist des Herrn haben. Dann tauschen Sie und lassen Sie die andere Person Sie prophetisch segnen.

- Gestalten Sie eine gemeinschaftliche Segnung in ihrer Kirche, in der Sie die Region erreichen und heilen, oder segnen sie die Mission, die Sie möglicherweise schon haben.

WIE WIRD MAN CHRIST?

Dieses kleine Buch wurde für Christen verfasst. Mit „Christen" meine ich nicht bloß die Menschen, die ein gutes Leben führen. Ich meine die, die durch den Geist des Herrn „neu geboren" wurden und Jesus Christus lieben und ihm nachfolgen.

Die Menschen sind aus drei Teilen geschaffen: dem Geist, der Seele und dem Körper. Der geistliche Teil wurde erschaffen, um einen Heiligen Gott, der gleichzeitig Geist ist, zu kennen und mit ihm zu kommunizieren. Trotzdem trennt uns die menschliche Sünde von Gott. Dies führt zum Tod unseres Geistes und dem Verlust unserer Kommunikation mit Gott.

Die Menschen tendieren stets dazu, bloß aus ihrem Körper und ihrer Seele zu handeln. Die Seele beinhaltet den Verstand, den Willen und die Gefühle. Das Ergebnis dessen ist sehr auffällig in der Welt: Egoismus, Stolz, Habgier, Hunger, Kriege und das Fehlen von wahrem Frieden und Bedeutung.

Doch Gott hatte einen Plan, um die Menschen zu erlösen. Gott der Vater sandte seinen Sohn Jesus, der ebenfalls Gott ist, um als Mensch auf die Erde zu kommen und uns zu zeigen, wie Gott wirklich ist – „Wenn ihr mich seht, dann seht ihr den Vater". Zudem opferte er sich, um uns von den Konsequenzen unserer Sünden zu befreien. Sein grauenhafter Tod am Kreuz war von Anfang an geplant und wurde im Alten Testament detailliert vorhergesagt. Er bezahlte den Preis für die Sünden der Menschen. Die Göttliche Gerechtigkeit wurde dadurch zufriedengestellt.

Aber dann ließ Gott seinen Sohn von den Toten auferstehen. Jesus verspricht, dass alle, die an Ihn glauben, ebenso von den Toten auferstehen werden um die Ewigkeit mit ihm zu verbringen. Er schenkt uns Seinen Geist *heute*, als eine Art Versprechen, damit wir ihn kennenlernen können und mit ihm den Rest unseres Lebens auf der Erde verbringen.

Das ist nun also die Essenz des Evangeliums Jesu Christi. Wenn Sie Ihre Sünden erkennen und sich zu ihnen bekennen, wenn Sie glauben, dass Jesus für Ihre Sünden am Kreuz gestorben ist und von den Toten wieder auferstanden ist, dann wird Seine Gerechtigkeit in Ihrem Leben wirken. Gott wird Seinen Heiligen Geist schicken, um ihren menschlichen Geist zu erneuern. Dies ist die Bedeutung davon, neu geboren zu sein. Sie werden in der Lage sein, Gott zu erkennen und mit ihm ganz vertraut zu kommunizieren. Aus diesem Grund hat Er uns an die erste Stelle in seiner Schöpfung gesetzt. Wenn Ihr physischer Körper sterben wird, wird Jesus Sie zu sich nehmen und Ihnen einen unvergänglichen neuen Körper schenken. Wow!

Während Sie noch auf dieser Erde sind, wird der Heilige Geist, der ebenso Gott ist, in Ihnen wirken. Er wird Sie reinigen und Sie charakterlich Jesus ähnlicher werden lassen. Außerdem wird er *durch* Sie wirken, damit Sie ein Segen für andere sein können.

Diejenigen, die sich entscheiden, nicht anzunehmen, wofür Jesus bezahlt hat, werden am Tag des jüngsten Gericht stehen und all die Konsequenzen für ihr Leben tragen. Das ist nicht das, was Sie wollen.

Hier ist ein Gebet, welches Sie beten können. Wenn Sie es ehrlich beten, dann werden Sie neu geboren werden.

Lieber Gott im Himmel, ich komme zu Dir in Jesu Namen. Ich bekenne vor Dir, dass ich ein Sünder bin. (Bekennen Sie all die Sünden, die ihnen einfallen). Es tut mir von Herzen Leid, was ich getan habe und was für ein Leben ich vorher ohne dich gelebt habe. Ich komme zu dir und bitte dich um Vergebung.

Ich glaube daran, dass dein einziger Sohn, Jesus Christus, sein kostbares Blut für meine Sünden am Kreuz vergossen hat. Ich bin gewillt umzukehren und mich durch ihn von meinen Sünden befreien zu lassen.

In der Bibel sagst Du (Römer 10,9), wenn wir bekennen, dass Jesus Christus der Herr ist und wir in unserem Herzen daran glauben, dass Gott

Jesus von den Toten auferweckt hat, werden wir gerettet.

Genau jetzt erkläre ich Jesus zum Herrn meiner Seele. Ich glaube daran, dass Gott Jesus von den Toten auferweckt hat. In diesem Moment nehme ich Jesus als meinen Erlöser an, und nach seinem Wort bin ich nun errettet. Danke Herr, dass Du mich so sehr liebst, dass Du dein Leben für mich gabst. Du bist wunderbar, Jesus, und ich liebe Dich.

Nun bitte ich Dich durch deinen Geist mir zu helfen, der Mensch zu werden, den du von Anfang an vorgesehen hast. Führe mich zu anderen Gläubigen und zu der Kirche deiner Wahl, damit ich in Dir wachsen kann. In Jesu Namen, Amen.

Danke, dass Sie dieses kleine Buch gelesen haben.
Ich würde mich freuen, Zeugnisse von Ihnen zu
erhalten, wie das Segnen Ihr Leben oder das jener,
die Sie gesegnet haben, verändert hat.
Kontaktieren Sie mich gerne über E-Mail:

richard.brunton134@gmail.com

www.ingramcontent.com/pod-product-compliance
Lightning Source LLC
Chambersburg PA
CBHW051407290426
44108CB00015B/2183